Impressum
Verlag: BABADADA GmbH, Nedderfeld 112 , 22529 Hamburg
Geschäftsführer / Verlagsleitung: Harald Hof
Druck: Books on Demand GmbH, In de Tarpen 42, 22848 Norderstedt

Imprint
Publisher: BABADADA GmbH, Nedderfeld 112 , 22529 Hamburg, Germany
Managing Director / Publishing direction: Harald Hof
Print: Books on Demand GmbH, In de Tarpen 42, 22848 Norderstedt, Germany

school
sekolah

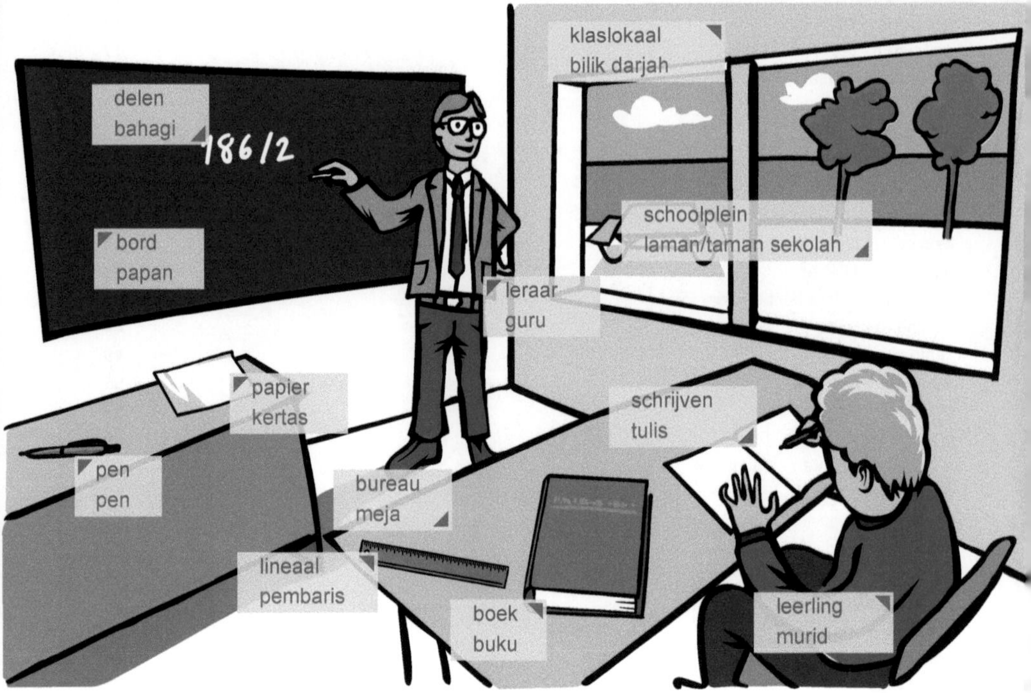
klaslokaal
bilik darjah
delen
bahagi
186/2
bord
papan
schoolplein
laman/taman sekolah
leraar
guru
papier
kertas
schrijven
tulis
pen
pen
bureau
meja
lineaal
pembaris
boek
buku
leerling
murid

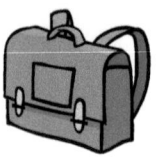

schooltas

beg galas

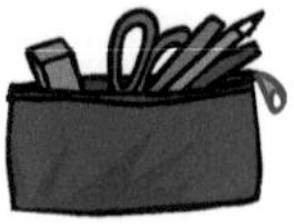

etui

kotak pensel

potlood

pensel

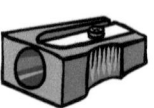

puntenslijper

pengasah pensel

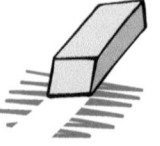

gum

pemadam

schetsblok

kertas lukisan

tekening

melukis

penseel

berus lukis

verfdoos

kotak warna

schaar

gunting

lijm

gam

schrift

buku latihan

huiswerk

kerja rumah

getal

nombor

optellen

tambah

aftrekken

tolak

vermenigvuldigen

darab

rekenen

kira

letter

huruf

alfabet

abjad

woord

kata

tekst
teks

lezen
baca

krijt
kapur

les
pelajaran

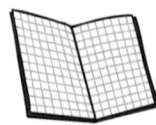

klassenboek
daftar

examen
peperiksaan

diploma
sijil

schooluniform
uniform sekolah

opleiding
pendidikan

encyclopedie
ensiklopedia

universiteit
universiti

microscoop
mikroskop

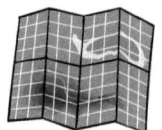

kaart
peta

prullenmand
bakul sampah

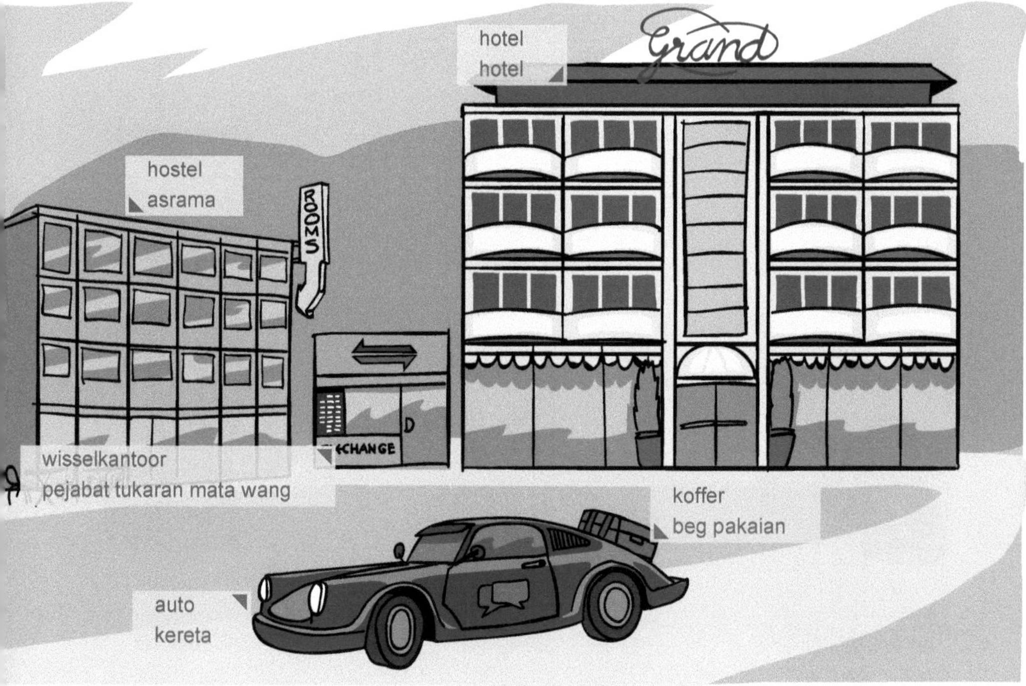

hotel
hotel

Grand

hostel
asrama

ROOMS

EXCHANGE

wisselkantoor
pejabat tukaran mata wang

koffer
beg pakaian

auto
kereta

taal
bahasa

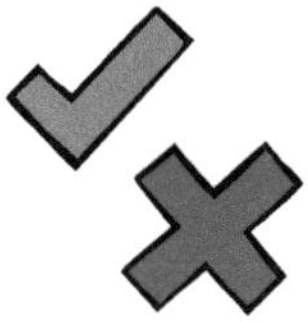

ja / nee
ya / tidak

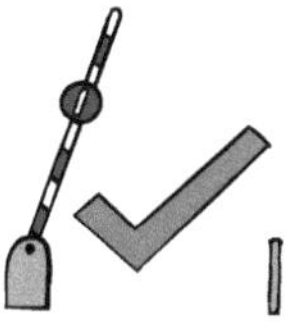

oké
okey

Hallo!
helo

tolk
penterjemah

Bedankt.
Terima kasih

Wat kost ...?

berapa banyak...?

Ik begrijp het niet.

saya tidak faham

probleem

masalah

Goedenavond!

Selamat petang!

Goedemorgen!

Selamat Pagi!

Goedenacht!

Selamat Malam!

Tot ziens!

selamat tinggal

richting

arah

bagage

bagasi

tas

beg

rugzak

beg galas

gast

tetamu

kamer

bilik tidur

slaapzak

beg tidur

tent

khemah

VVV-kantoor

maklumat pelancong

strand

pantai

creditkaart

kad kredit

ontbijt

sarapan

lunch

makan tengah hari

diner

makan malam

kaartje

tiket

lift

lif

postzegel

setem

grens

sempadan

douane

kastam

ambassade

kedutaan

visum

visa

paspoort

pasport

transport
pengangkutan

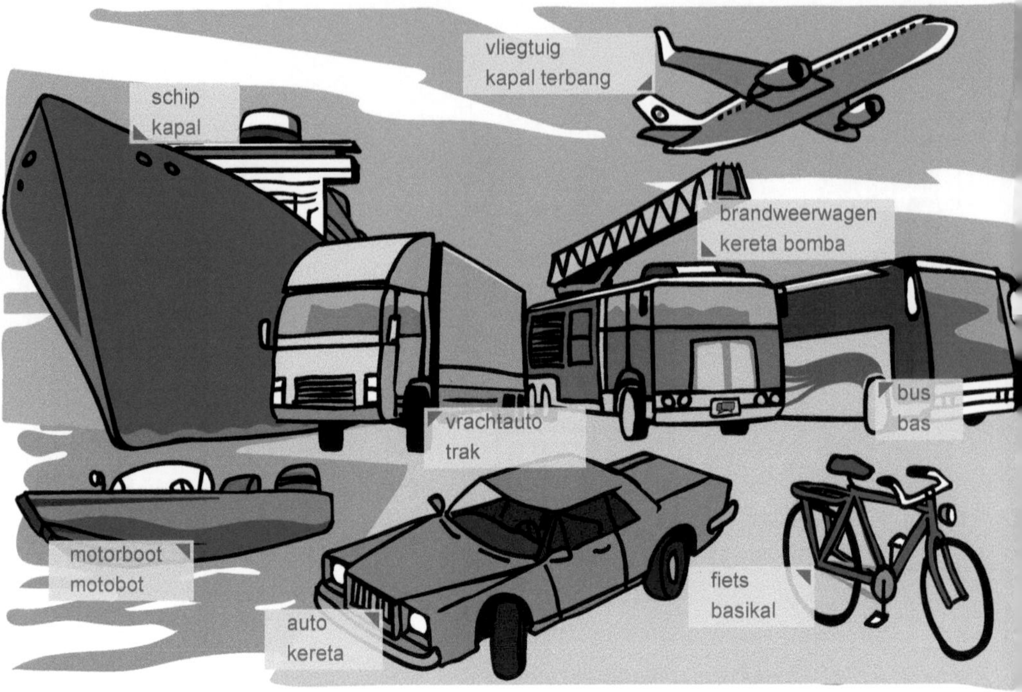

vliegtuig
kapal terbang
schip
kapal
brandweerwagen
kereta bomba
bus
bas
vrachtauto
trak
motorboot
motobot
fiets
basikal
auto
kereta

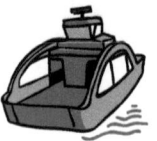

veerboot

feri

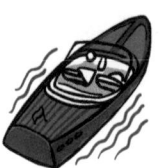

boot

bot

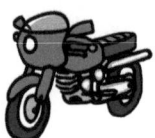

motorfiets

motosikal

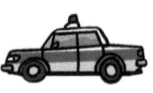

politiewagen

kereta polis

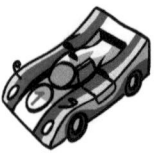

raceauto

kereta lumba

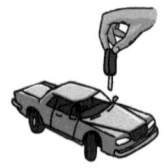

huurauto

kereta sewa

carsharing

berkongsi kereta

takelwagen

trak tunda

vuilniswagen

trak menolak

motor

motor

benzine

bahan api

benzinepomp

stesen minyak

verkeersbord

tanda trafik

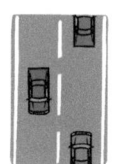

verkeer

trafik

file

kesesakan lalu lintas

parkeerplaats

tempat parkir

station

stesen kereta api

rails

trek

trein

kereta api

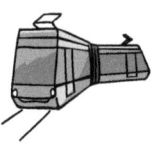

tram

trem

wagon

gerabak

helikopter
helikopter

luchthaven
lapangan terbang

toren
Menara

passagier
penumpang

container
bekas

verhuisdoos
kadbod

kar
kart

mand
bakul

opstijgen / landen
berlepas / mendarat

stad
bandar

dorp
kampung

stadscentrum
pusat bandar

huis
rumah

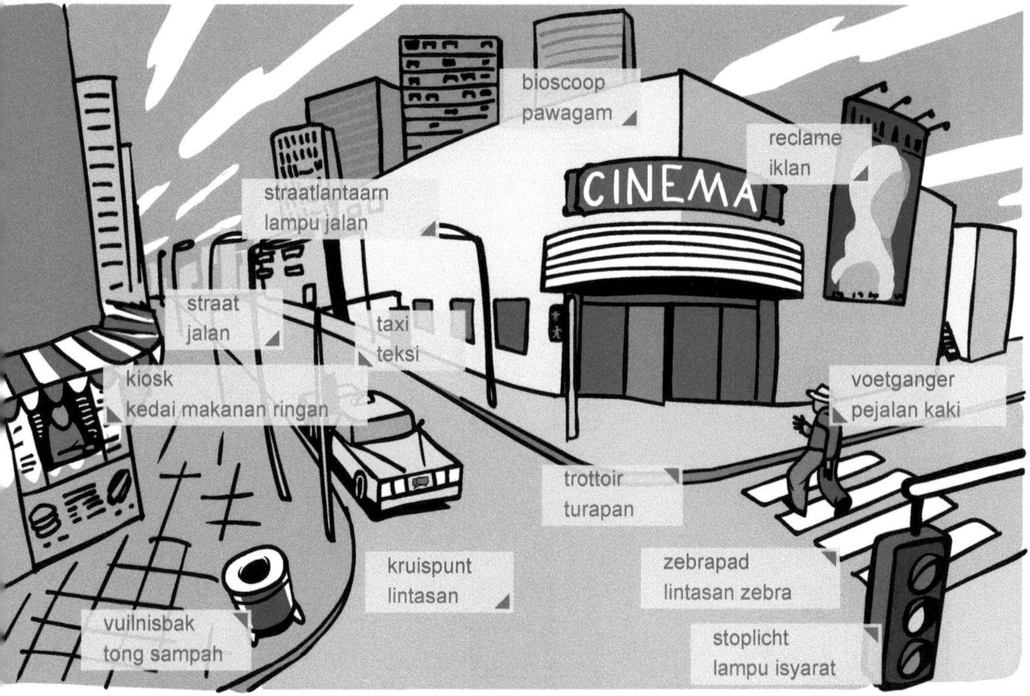

bioscoop
pawagam

reclame
iklan

straatlantaarn
lampu jalan

CINEMA

straat
jalan

taxi
teksi

voetganger
pejalan kaki

kiosk
kedai makanan ringan

trottoir
turapan

kruispunt
lintasan

zebrapad
lintasan zebra

vuilnisbak
tong sampah

stoplicht
lampu isyarat

hut
....
pondok

appartement
....
flat

station
....
stesen kereta api

stadhuis
....
dewan bandar

museum
....
muzium

school
....
sekolah

universiteit

universiti

bank

bank

ziekenhuis

hospital

hotel

hotel

apotheek

farmasi

kantoor

pejabat

boekenwinkel

kedai buku

winkel

kedai

bloemenwinkel

kedai bunga

supermarkt

pasar raya

markt

pasaran

warenhuis

gedung

visboer

penjual ikan

winkelcentrum

pusat membeli-belah

haven

pelabuhan

park
....
taman

bank
....
bangku

brug
....
jambatan

trap
....
tangga

metro
....
bawah tanah

tunnel
....
terowong

bushalte
....
hentian bas

bar
....
bar

restaurant
....
restoran

brievenbus
....
peti surat

straatnaambord
....
papan tanda jalan

parkeermeter
....
meter parkir

dierentuin
....
zoo

zwembad
....
kolam renang

moskee
....
masjid

boerderij
ladang

vervuiling
pencemaran

begraafplaats
tanah perkuburan

kerk
gereja

speelplaats
taman permainan

tempel
kuil

landschap
landskap

blad
daun

wegwijzer
tiang tanda

weg
jalan

weide
padang rumput

steen
batu

boom
pokok

wandelaar
pejalan kaki

rivier
sungai

gras
rumput

bloem
bunga

vallei

lembah

berg

bukit

meer

tasik

bos

hutan

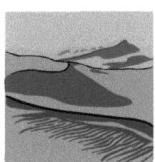

woestijn

padang pasir

vulkaan

gunung berapi

kasteel

istana

regenboog

pelangi

paddenstoel

cendawan

palmboom

pokok kelapa sawit

mug

nyamuk

vlieg

terbang

mier

semut

bij

lebah

spin

labah-labah

landschap - landskap

kever

kumbang

kikker

katak

eekhoorn

tupai

egel

landak

haas

arnab

uil

burung hantu

vogel

burung

zwaan

angsa

wild zwijn

babi jantan

hert

rusa

eland

moose

stuwdam

empangan

windmolen

turbin angin

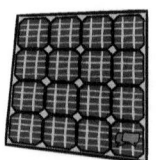

zonnepaneel

panel solar

klimaat

iklim

landschap - landskap

restaurant
restoran

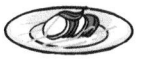

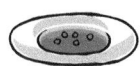

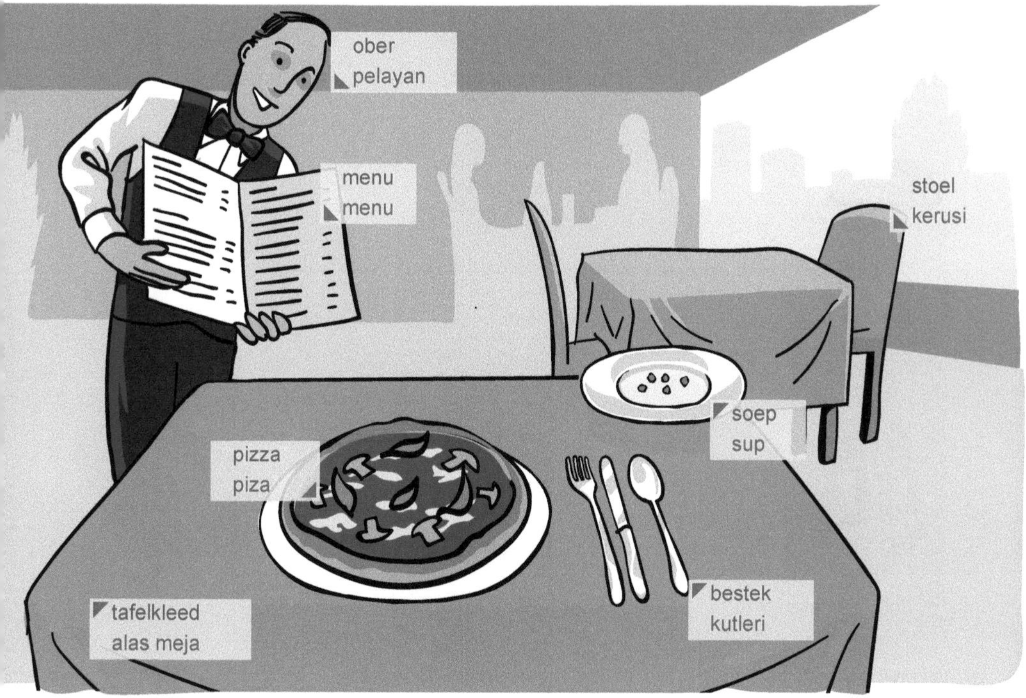

ober
pelayan
menu
menu
stoel
kerusi
soep
sup
pizza
piza
bestek
kutleri
tafelkleed
alas meja

voorgerecht

pemula

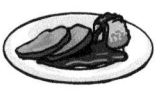

hoofdgerecht

hidangan utama

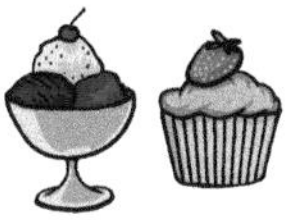

toetje

pencuci mulut

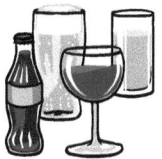

dranken

minuman

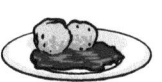

eten

makanan

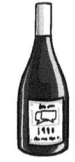

fles

botol

fastfood

makanan segera

eetkraampje

makanan jalanan

theepot

teko

suikerpot

mangkuk gula

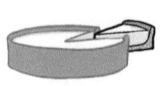

portie

bahagian

espressomachine

mesin espreso

kinderstoel

kerusi tinggi

rekening

bil

dienblad

dulang

mes

pisau

vork

garfu

lepel

sudu

theelepel

sudu teh

servet

serviette

glas

gelas

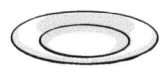

bord

pinggan

soepbord

mangkuk sup

schotel

piring

saus

sos

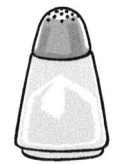

zoutvaatje

tempat garam

pepermolen

pengisar lada

azijn

cuka

olie

minyak

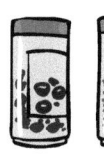

kruiden

rempah

ketchup

sos

mosterd

mustard

mayonaise

mayones

supermarkt

pasar raya

aanbieding
tawaran istimewa
FOR
klant
pelanggan
zuivelproducten
tenusu
fruit
buah-buahan
winkelwagen
troli

BUTCHERS

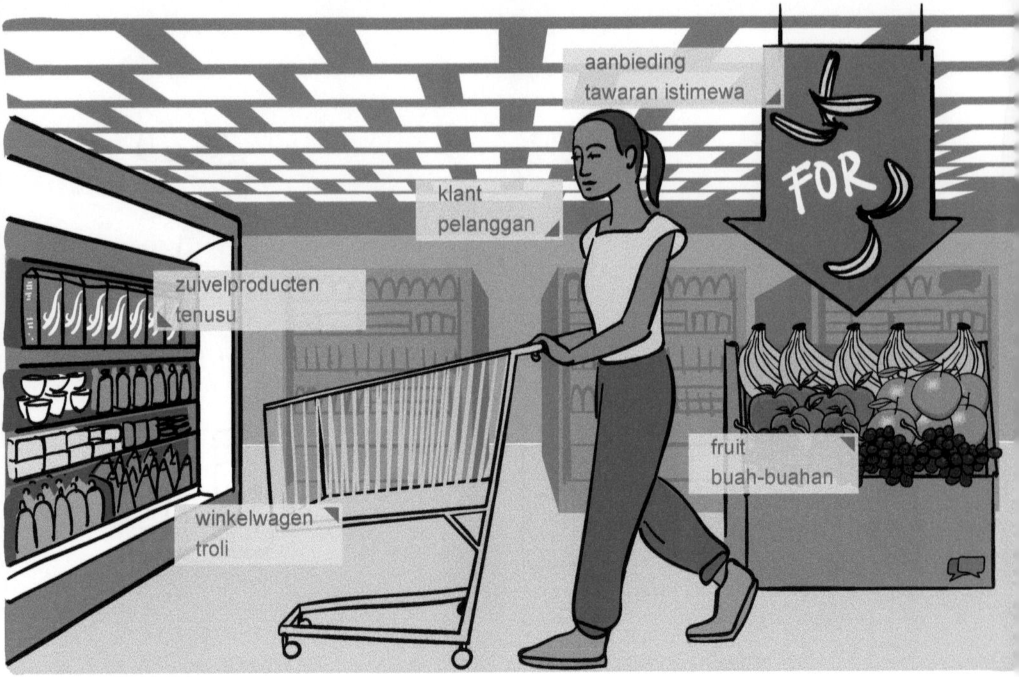

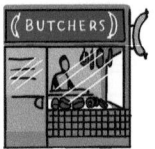

slager
tukang daging

BAKERY

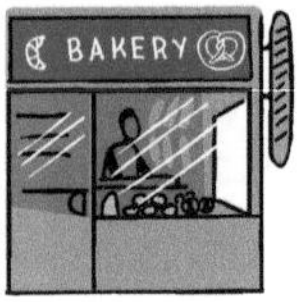

bakkerij
kedai roti

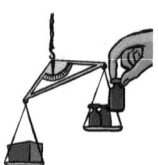

wegen
berat

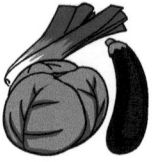

groente
sayur-sayuran

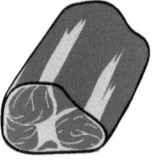

vlees
daging

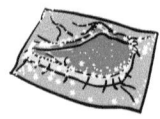

diepvriesproducten
makanan sejuk beku

vleeswaren

daging sejuk

conserven

makanan dalam tin

wasmiddel

serbuk pencuci

snoepgoed

gula-gula

huishoudelijke artikelen

produk isi rumah

schoonmaakmiddel

produk pembersihan

verkoopster

orang jualan

kassa

daftar tunai

kassier

juruwang

boodschappenlijstje

senarai membeli-belah

openingstijden

waktu pembukaan

portefeuille

beg duit

creditkaart

kad kredit

tas

beg

plastic zak

beg plastik

water
air

sap
jus

melk
susu

cola
kola

wijn
wain

bier
bir

alcohol
alkohol

chocolademelk
koko

thee
the

koffie
kopi

espresso
espreso

cappuccino
kapucino

banaan

pisang

appel

epal

sinaasappel

oren

watermeloen

tembikai

citroen

lemon

wortel

lobak merah

knoflook

bawang putih

bamboe

buluh

ui

bawang

paddenstoel

cendawan

noten

kacang

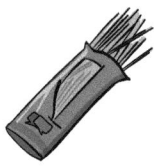

pasta

mi

spaghetti

spageti

rijst

nasi

salade

salad

friet

kerepek

gebakken aardappelen

kentang goreng

pizza

piza

hamburger

hamburger

sandwich

sandwic

schnitzel

kutlet

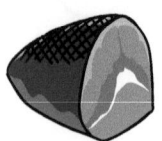
ham

ham

salami

salami

worst

sosej

kip

ayam

gebraad

panggang

vis

ikan

havermout

bubur oat

muesli

muesli

cornflakes

emping jagung

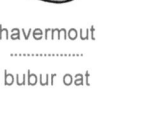

meel

tepung

croissant

kroisan

broodjes

roti roll

brood

roti

toast

roti bakar

koekjes

biskut

boter

mentega

kwark

dadih

taart

kek

ei

telur

gebakken ei

telur goreng

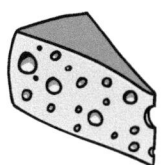

kaas

keju

ijs

ais krim

suiker

gula

honing

madu

jam

jem

chocoladepasta

krim nougat

kerrie

kari

eten - makanan

boerderij
ladang

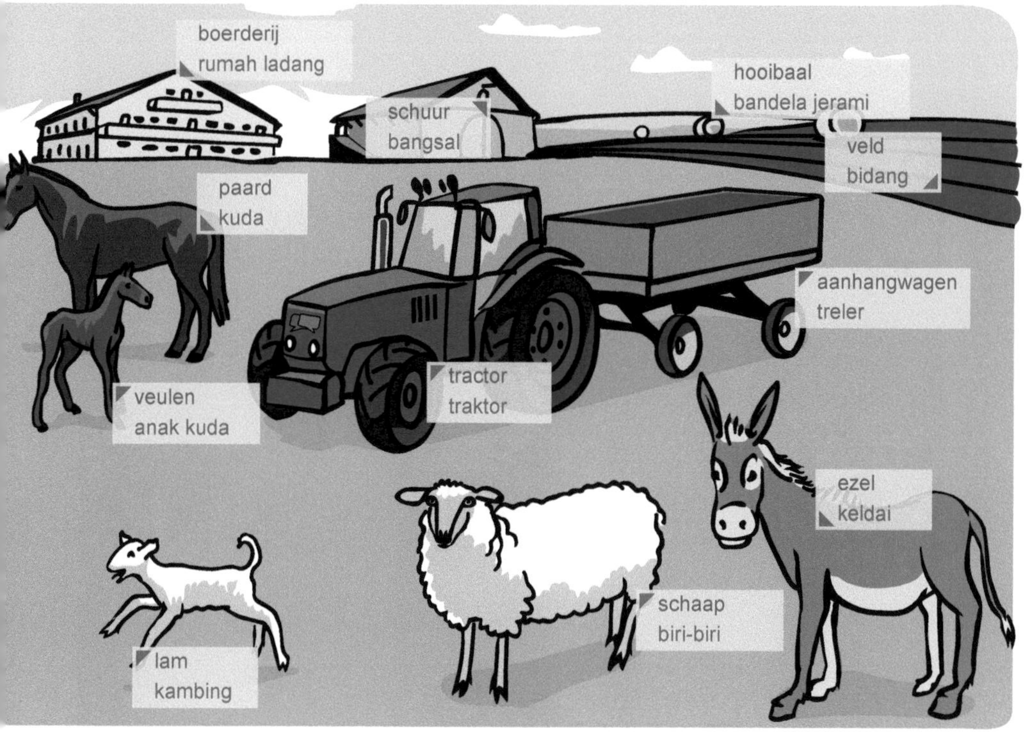
boerderij
rumah ladang
schuur
bangsal
hooibaal
bandela jerami
veld
bidang
paard
kuda
aanhangwagen
treler
tractor
traktor
veulen
anak kuda
ezel
keldai
schaap
biri-biri
lam
kambing

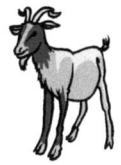

geit

kambing

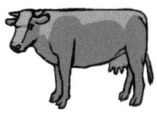

koe

lembu

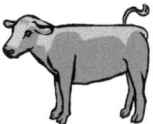

kalf

anak lembu

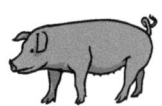

varken

babi

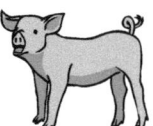

big

anak babi

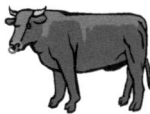

stier

lembu

gans

angsa

eend

itik

kuiken

anak ayam

kip

ayam betina

haan

ayam jantan muda

rat

tikus

kat

kucing

muis

tikus

os

lembu jantan

hond

anjing

hondenhok

rumah anjing

tuinslang

hos taman

gieter

bekas siraman

zeis

sabit

ploeg

bajak

sikkel

sabit

schoffel

cangkul

hooivork

serampang peladang

bijl

kapak

kruiwagen

kereta sorong

trog

palung

melkbus

tin susu

zak

karung

hek

pagar

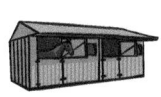

stal

stabil

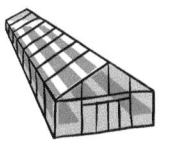

broeikas

rumah hijau

grond

tanah

zaad

benih

mest

baja

maaidorser

jentuai

oogsten

tuai

oogst

menuai

yam

keladi

tarwe

gandum

soja

soya

aardappel

kentang

maïs

jagung

koolzaad

biji sawi

fruitboom

pokok buah-buahan

maniok

ubi kayu

granen

bijirin

huis

rumah

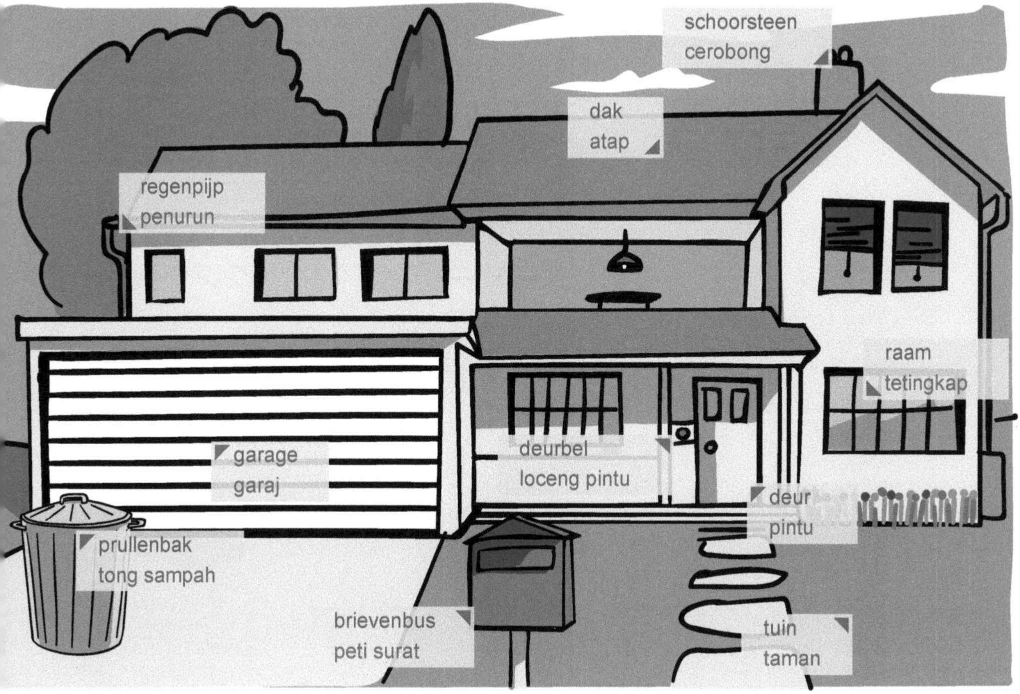
schoorsteen
cerobong
dak
atap
regenpijp
penurun
raam
tetingkap
garage
garaj
deurbel
loceng pintu
deur
pintu
prullenbak
tong sampah
brievenbus
peti surat
tuin
taman

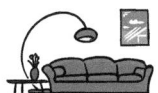

woonkamer

ruang tamu

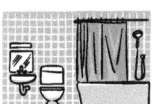

badkamer

bilik air

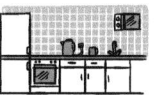

keuken

dapur

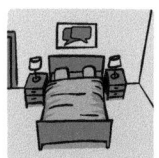

slaapkamer

bilik tidur

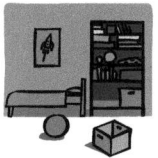

kinderkamer

bilik kanak-kanak

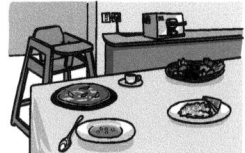

eetkamer

ruang makan

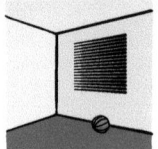

vloer

lantai

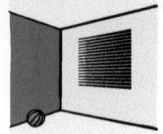

muur

dinding

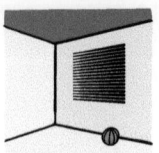

plafond

siling

kelder

bilik bawah tanah

sauna

sauna

balkon

balkoni

terras

teres

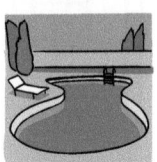

zwembad

kolam renang

grasmaaier

pemotong rumput

laken

lembaran

bedsprei

penutup tilam

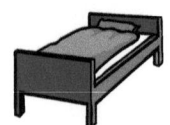

bed

katil

bezem

penyapu

emmer

timba

schakelaar

suis

woonkamer
ruang tamu

behang
kertas dinding
foto
gambar
lamp
lampu
plank
rak
kast
kabinet
televisie
televisyen
open haard
pendiangan
bloem
bunga
kussen
kusyen
bankstel
sofa
vaas
pasu
afstandsbediening
alat kawalan jauh

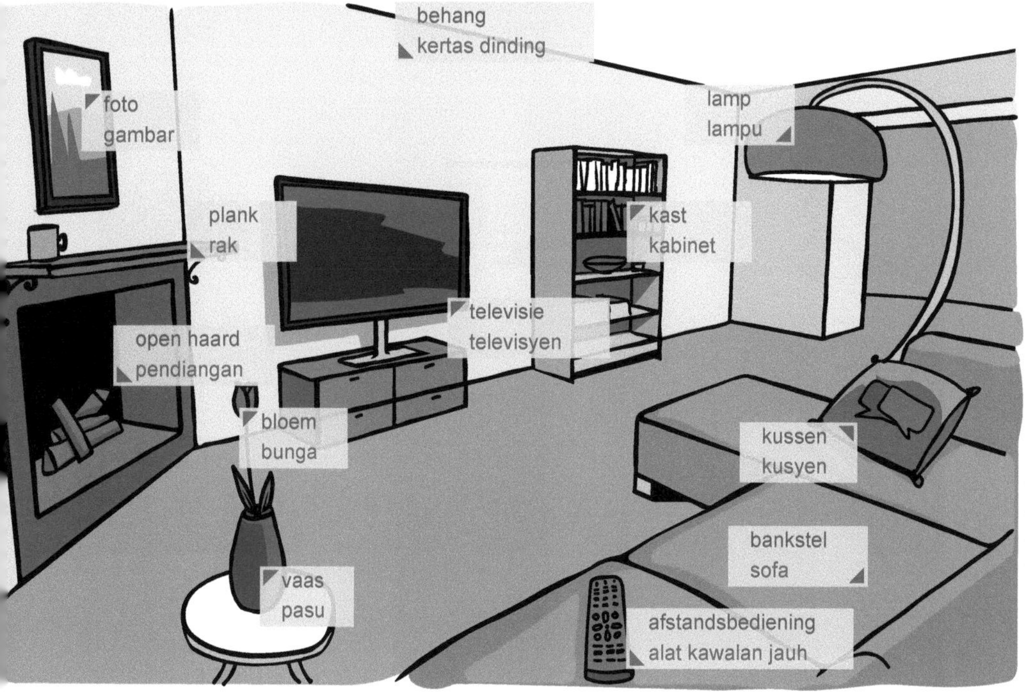

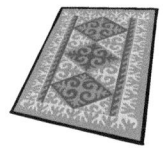

tapijt

permaidani

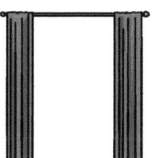

gordijn

tirai

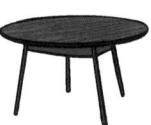

tafel

meja

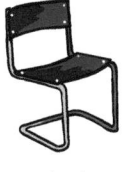

stoel

kerusi

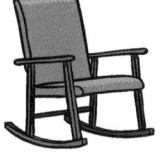

schommelstoel

kerusi malas

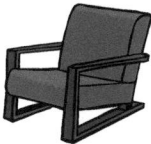

stoel

kerusi

boek

buku

deken

selimut

decoratie

hiasan

brandhout

kayu api

film

filem

stereo-installatie

hi-fi

sleutel

kunci

krant

akhbar

schilderij

lukisan

poster

poster

radio

radio

kladblok

buku catatan

stofzuiger

penyedut habuk

cactus

kaktus

kaars

lilin

keuken
dapur

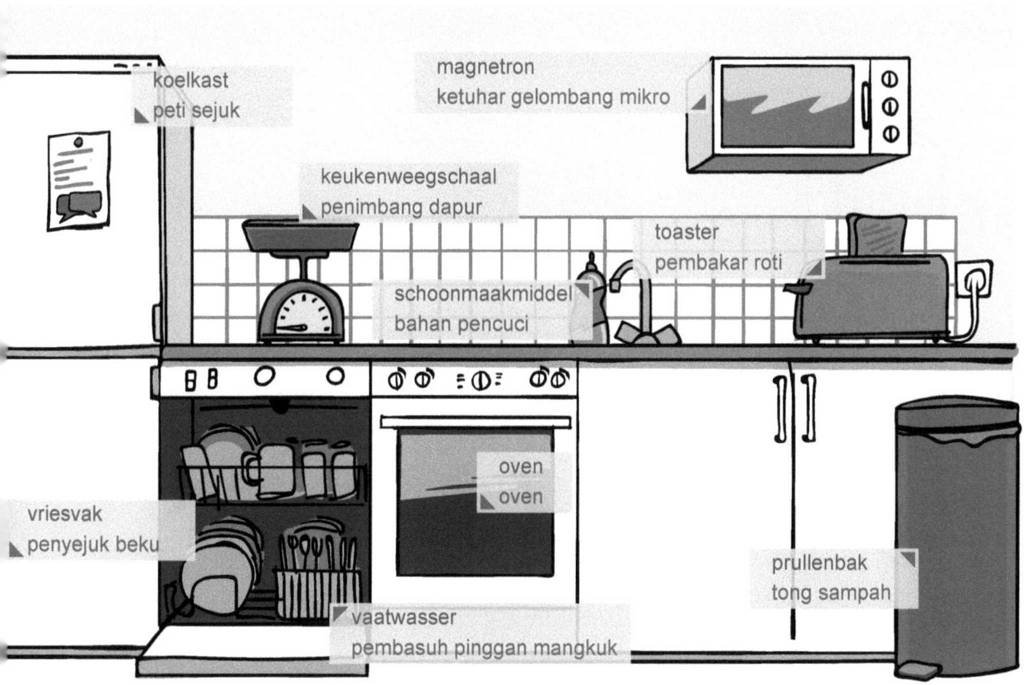

koelkast
peti sejuk
magnetron
ketuhar gelombang mikro
keukenweegschaal
penimbang dapur
toaster
pembakar roti
schoonmaakmiddel
bahan pencuci
oven
oven
vriesvak
penyejuk beku
prullenbak
tong sampah
vaatwasser
pembasuh pinggan mangkuk

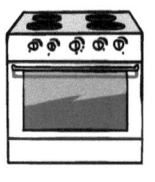

fornuis

periuk dapur

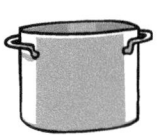

pan

periuk

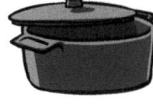

gietijzeren pan

periuk besi

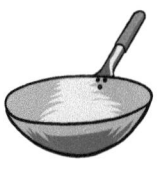

wok / kadai

kuali

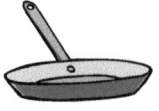

koekenpan

pan

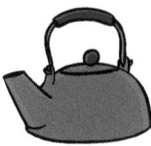

ketel

cerek

stoomkoker

pengukus

bakplaat

dulang pembakar

servies

pinggan mangkuk

beker

koleh

kom

mangkuk

eetstokjes

penyepit

soeplepel

senduk

spatel

spatula

garde

pengadun

vergiet

penapis

zeef

ayak

rasp

pemarut

vijzel

mortar

barbecue

barbeku

vuurhaard

pembakaran terbuka

keuken - dapur

snijplank

papan pencincang

deegroller

pin golekan

kurkentrekker

skru gabus

blik

tin

blikopener

pembuka tin

pannenlap

pemegang periuk

wasbak

sinki

borstel

berus

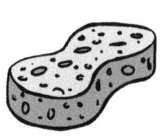

spons

span

blender

pengisar

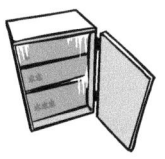

vriezer

penyejuk beku

babyflesje

botol bayi

kraan

paip

badkamer
bilik air

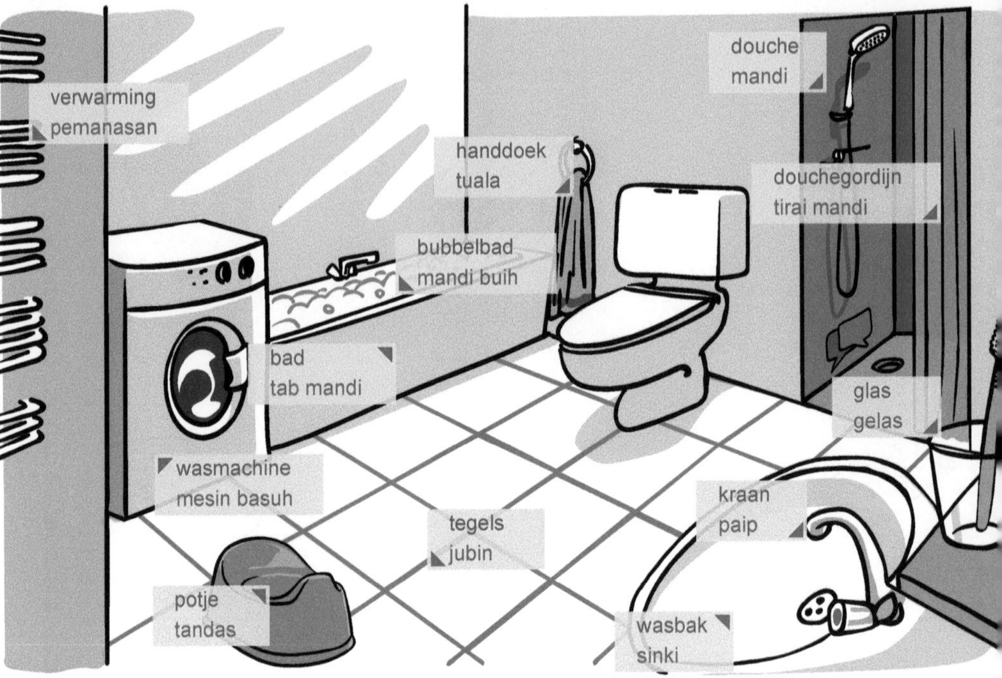

verwarming
pemanasan
handdoek
tuala
douche
mandi
douchegordijn
tirai mandi
bubbelbad
mandi buih
bad
tab mandi
glas
gelas
wasmachine
mesin basuh
kraan
paip
tegels
jubin
potje
tandas
wasbak
sinki

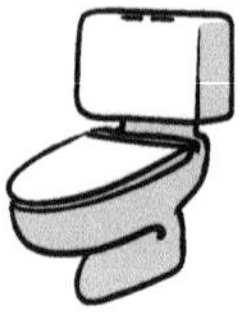

toilet

tandas

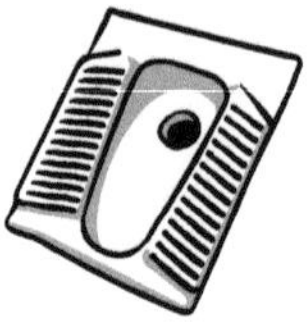

hurktoilet

tandas mencangkung

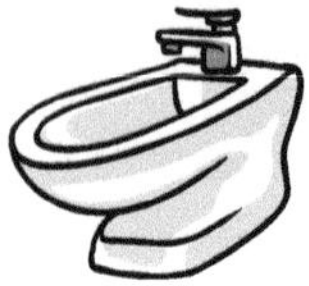

bidet

mangkuk tandas

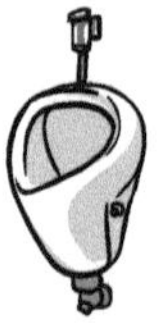

urinoir

tandas awam

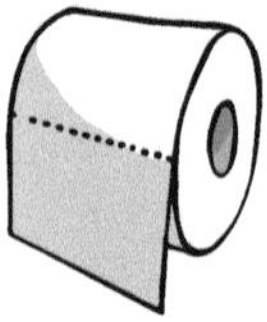

toiletpapier

kertas tandas

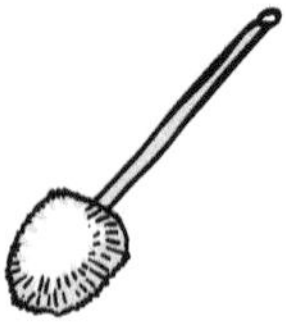

toiletborstel

berus tandas

tandenborstel

berus gigi

tandpasta

ubat gigi

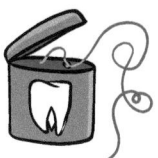

flosdraad

flos gigi

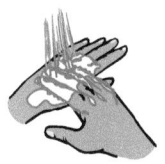

wassen

cuci

handdouche

mandian tangan

toiletdouche

pancuran

waskom

besen

rugborstel

belakang berus

zeep

sabun

douchegel

gel mandian

shampoo

syampu

washanje

flanel

afvoer

longkang

creme

krim

deodorant

deodoran

spiegel

cermin

make-upspiegel

cermin tangan

scheermes

pisau cukur

scheerschuim

busa cukur

aftershave

selepas cukur

kam

sikat

borstel

berus

haardroger

pengering rambut

haarspray

semburan rambut

make-up

mekap

lippenstift

gincu

nagellak

varnis kuku

watten

bulu kapas

nagelschaartje

gunting kuku

parfum

pewangi

badkamer - bilik air

toilettas

beg basuhan

kruk

bangku

weegschaal

skala berat

badjas

jubah mandi

rubber handschoenen

sarung tangan getah

tampon

kapas

maandverband

tuala wanita

chemisch toilet

tandas kimia

kinderkamer
bilik kanak-kanak

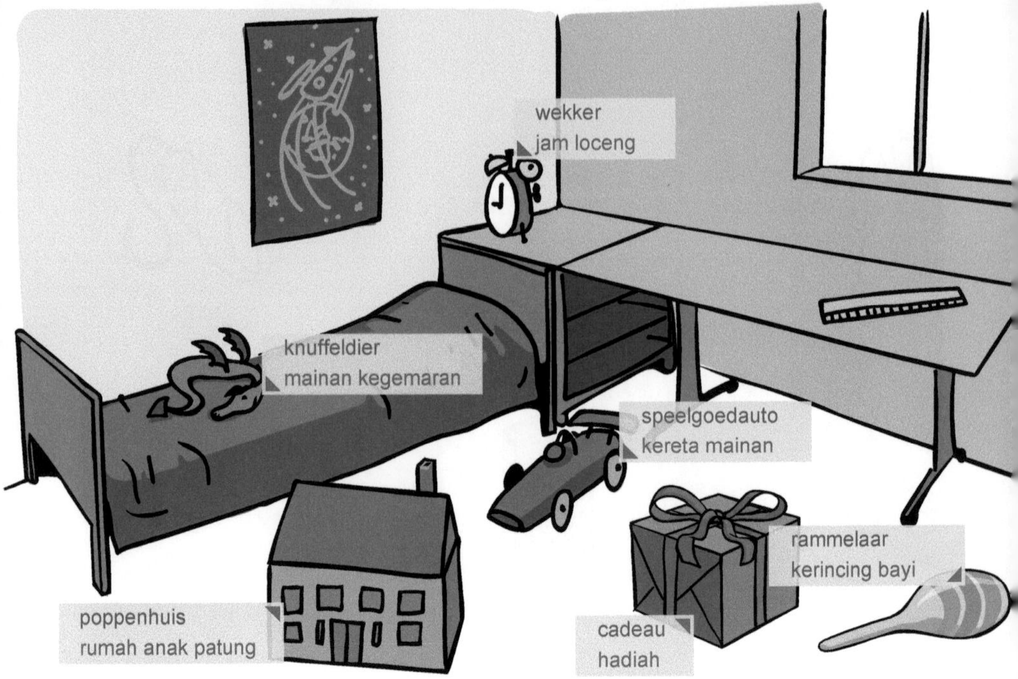
wekker
jam loceng
knuffeldier
mainan kegemaran
speelgoedauto
kereta mainan
rammelaar
kerincing bayi
poppenhuis
rumah anak patung
cadeau
hadiah

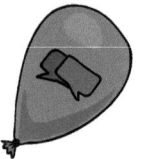

ballon
belon

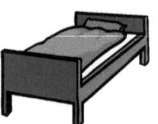

bed
katil

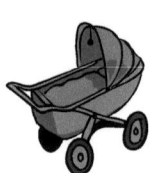

kinderwagen
kereta sorong bayi

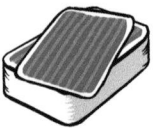

kaartspel
set kad

puzzel
susun suai gambar

SUPER
MEGA

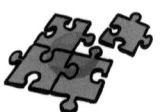

stripverhaal
komik

legostenen

batu bata lego

speelgoedblokken

blok mainan

actiefiguurtje

figura aksi

romper

baju bayi

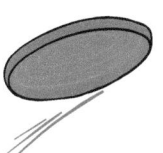

frisbee

frisbee

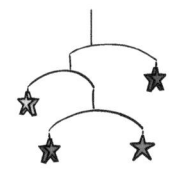

mobile

mainan bayi mudah alih

bordspel

permainan papan

dobbelsteen

dadu

modeltrein

set model kereta api

speen

palsu

feestje

parti

prentenboek

buku bergambar

bal

bola

pop

anak patung

spelen

main

zandbak

lubang pasir

schommel

buai

speelgoed

mainan

spelcomputer

konsol permainan video

driewieler

basikal roda tiga

teddybeer

anak patung beruang

kleerkast

almari pakaian

kleding

pakaian

sokken

stoking

kousen

stoking

panty

ketat

sjaal
skarf

paraplu
payung

keselamatan

T-shirt
kemeja-t

laarzen
but

pantoffels
selipar

sportschoenen
kasut sukan

sandalen	schoenen	rubberlaarzen
sandal	kasut	but getah
onderbroek	beha	onderhemd
seluar dalam	coli	ves

kleding - pakaian 45

body
badan

broek
Seluar panjang

spijkerbroek
jean

rok
skirt

blouse
blaus

overhemd
kemeja

trui
baju panas sarung

hoody
sweater

blazer
blazer

jas
jaket

mantel
kot

regenjas
baju hujan

kostuum
kostum

jurk
pakaian

trouwjurk
baju pengantin

pak

sut

nachthemd

baju tidur

pyjama

baju tidur

sari

sari

hoofddoek

skarf kepala

tulband

serban

boerka

burqa

kaftan

kaftan

abaja

abaya/jubah

zwempak

baju renang

zwembroek

seluar renang

korte broek

seluar pendek

trainingspak

sut balapan

schort

apron

handschoenen

sarung tangan

knoop

butang

bril

cermin mata

armband

gelang tangan

ketting

rantai leher

ring

cincin

oorbel

subang

pet

topi

kledinghanger

penyangkut kot

hoed

topi

stropdas

tali leher

rits

zip

helm

topi keledar

bretels

pendakap

schooluniform

uniform sekolah

uniform

seragam

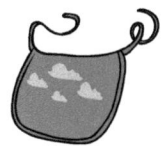

slabbetje

lapik dada

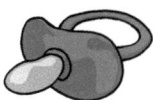

speen

palsu

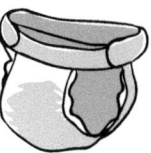

luier

lampin

kantoor
pejabat

server
pelayan
archiefkast
kabinet fail
printer
mesin pencetak
papier
kertas
beeldscherm
monitor
bureau
meja
muis
tetikus
map
folder
toetsenbord
papan kekunci
prullenmand
bakul sampah
computer
komputer
stoel
kerusi

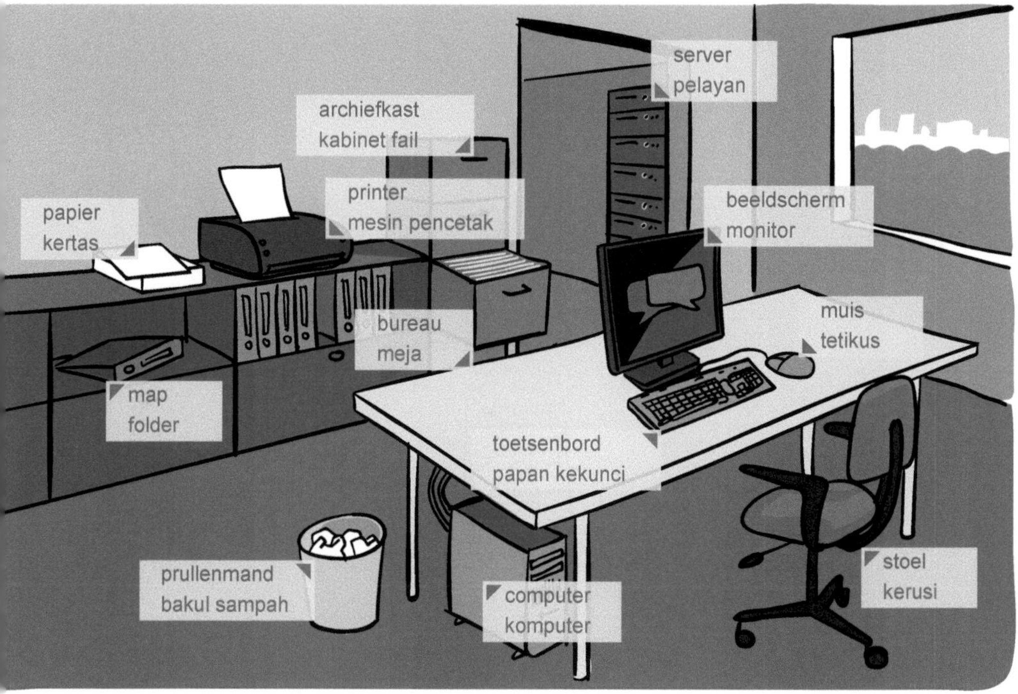

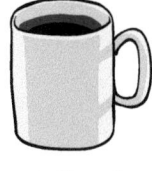

koffiemok

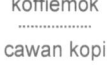

cawan kopi

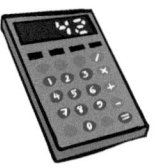

rekenmachine

kalkulator

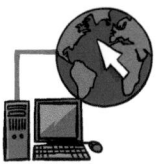

internet

internet

laptop

komputer riba

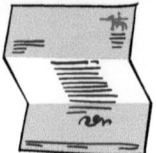

brief

surat

bericht

mesej

mobiele telefoon

mudah alih

netwerk

rangkaian

kopieermachine

mesin fotokopi

software

perisian

telefoon

telefon

stopcontact

soket plag

fax

mesin faks

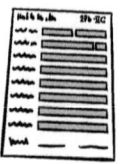

formulier

bentuk

document

dokumen

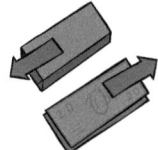

kopen
beli

betalen
bayar

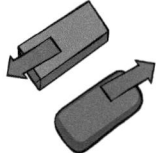

handel drijven
berdagang

geld
wang

USD

dollar
dolar

EUR

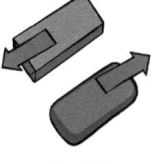

euro
euro

JPY

yen
yen

RUB

roebel
rubel

CHF

Zwitserse frank
franc swiss

CNY

renminbi yuan
renminbi yuan

INR

roepie
rupee

geldautomaat
mata tunai

wisselkantoor

pejabat tukaran mata wang

goud

emas

zilver

perak

olie

minyak

energie

tenaga

prijs

harga

contract

kontrak

belasting

cukai

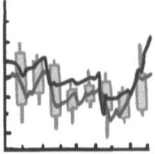

aandeel

stok

werken

kerja

werknemer

pekerja

werkgever

majikan

fabriek

kilang

winkel

kedai

economie - ekonomi

beroepen
pekerjaan

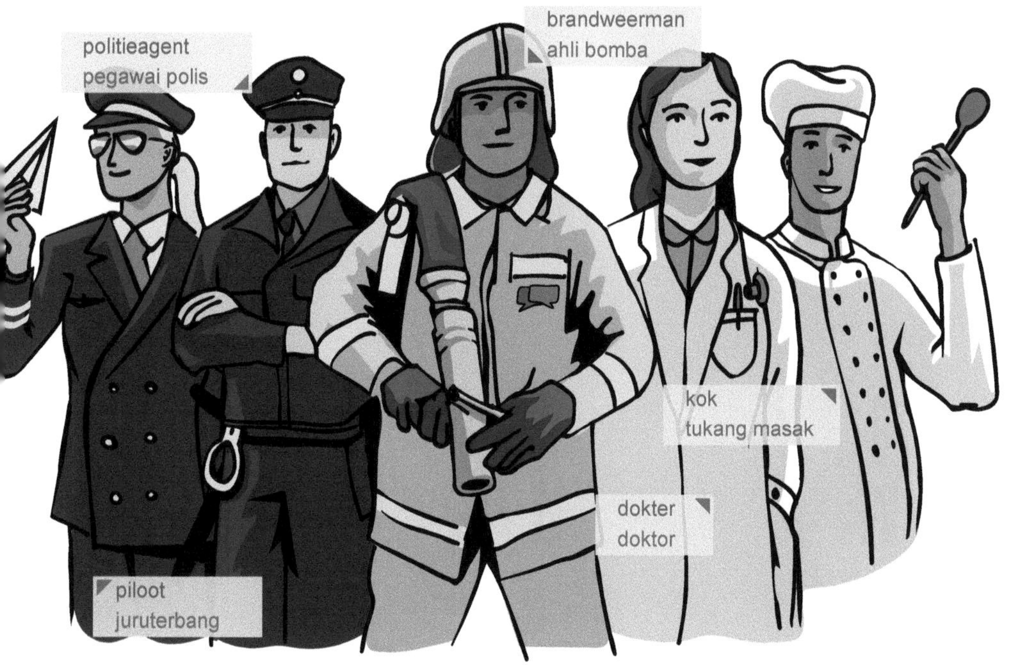
politieagent
pegawai polis
brandweerman
ahli bomba
kok
tukang masak
dokter
doktor
piloot
juruterbang

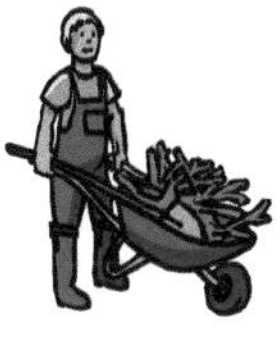

tuinman

tukang kebun

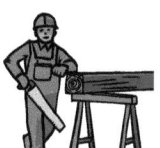

timmerman

tukang kayu

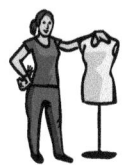

naaister

tukang jahit

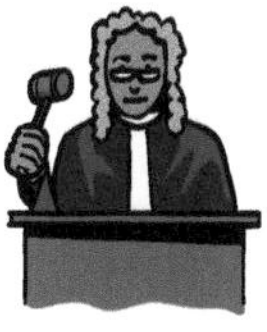

rechter

hakim

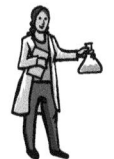

scheikundige

ahli kimia

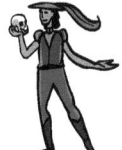

toneelspeler

pelakon

buschauffeur

pemandu bas

taxichauffeur

pemandu teksi

visser

nelayan

schoonmaakster

wanita pencuci

dakdekker

kasau

ober

pelayan

jager

pemburu

schilder

pelukis

bakker

bakeri

elektricien

juruelektrik

bouwvakker

pembangun

ingenieur

jurutera

slager

penjual daging

loodgieter

tukang paip

postbode

posmen

soldaat	architect	kassier
askar	arkitek	juruwang

bloemist	kapper	conducteur
kedai bunga	pendandan rambut	konduktor

monteur	kapitein	tandarts
mekanik	kapten	doktor gigi

wetenschapper	rabbi	imam
ahli sains	tuhanku	imam

monnik	pastoor	
sami	paderi	

gereedschap

alat

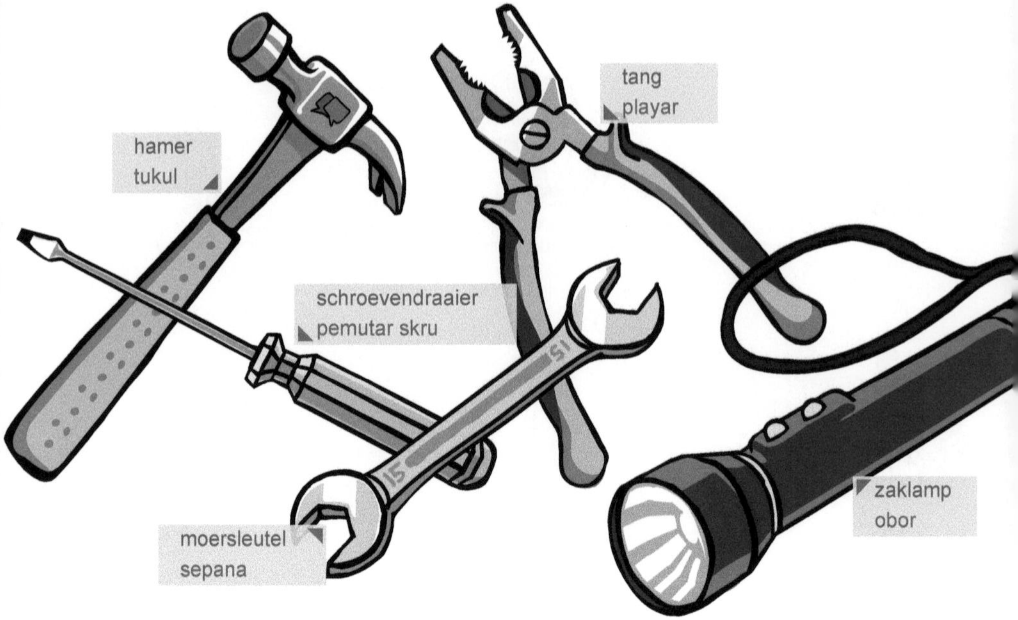

hamer
tukul
tang
playar
schroevendraaier
pemutar skru
moersleutel
sepana
zaklamp
obor

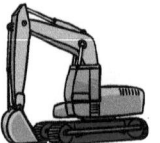

graafmachine

pengorek

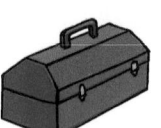

gereedschapskist

kotak peralatan

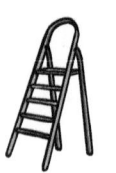

ladder

tangga

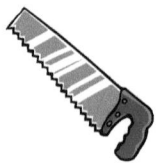

zaag

gergaji

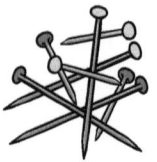

spijkers

kuku

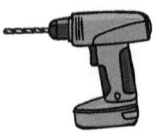

boor

gerudi

repareren

baiki

schep

penyodok

Verdorie!

Celaka!

stofblik

penadah sampah

verfpot

periuk cat

schroeven

skru

muziekinstrumenten
alat muzik

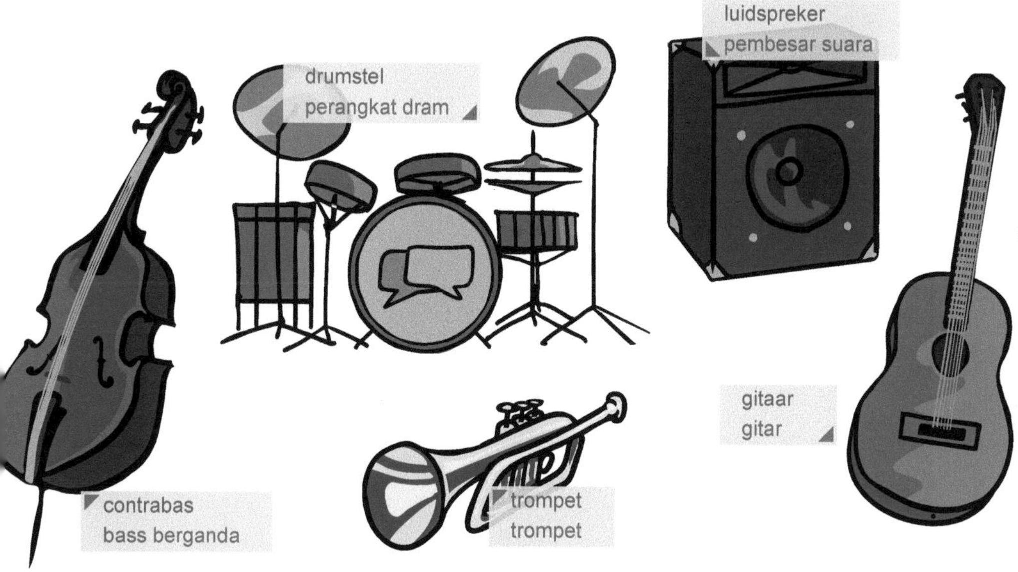

drumstel
perangkat dram

luidspreker
pembesar suara

gitaar
gitar

contrabas
bass berganda

trompet
trompet

piano
....
piano

viool
....
biola

bas
....
bass

pauk
....
timpani

trommel
....
dram

keyboard
....
papan kekunci

saxofoon
....
saksofon

fluit
....
seruling

microfoon
....
mikrofon

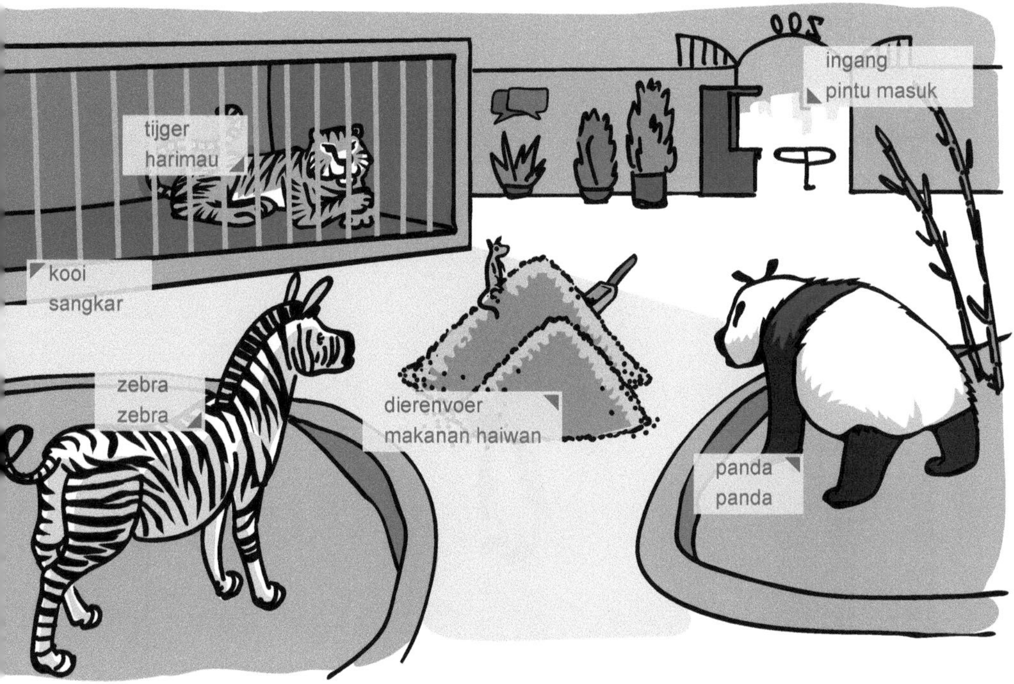

ingang
▶ pintu masuk

tijger
harimau

kooi
sangkar

zebra
zebra

dierenvoer
makanan haiwan

panda
panda

dieren
··············
haiwan

olifant
··············
gajah

kangoeroe
··············
kanggaru

neushoorn
··············
badak sumbu

gorilla
··············
gorila

beer
··············
beruang

kameel

unta

struisvogel

burung unta

leeuw

singa

aap

monyet

flamingo

flamingo

papegaai

nuri

ijsbeer

beruang kutub

pinguïn

penguin

haai

yu

pauw

merak

slang

ular

krokodil

buaya

dierenverzorger

penjaga zoo

zeehond

anjing laut

jaguar

jaguar

pony
kuda

luipaard
harimau

nijlpaard
badak air

giraffe
zirafah

adelaar
helang

wild zwijn
babi jantan

vis
ikan

schildpad
penyu

walrus
anjing laut

vos
musang

gazelle
rusa

American football
bola sepak Amerika

wielrennen
berbasikal

tennis
tenis

basketbal
bola keranjang

zwemmen
renang

ijshockey
hoki ais

boksen
tinju

voetbal
bola sepak

badminton
badminton

atletiek
olahraga

handbal
bola baling

skiën
ski

polo
polo

activiteiten
aktiviti

springen
lompat
knuffelen
peluk
lachen
ketawa
lopen
berjalan
zingen
menyanyi
dromen
mimpi
bidden
berdoa
kussen
cium

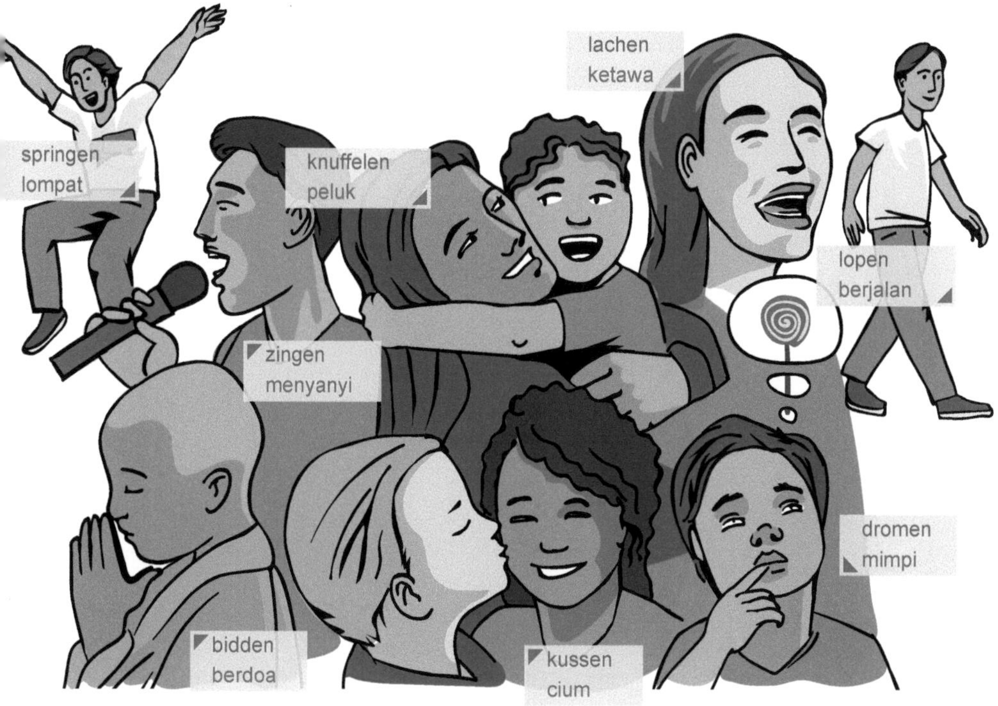

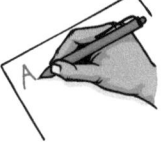

schrijven

tulis

tekenen

lukis

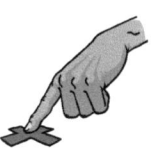

tonen

tunjuk

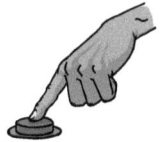

duwen

tolak

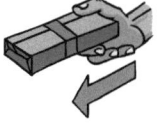

geven

beri

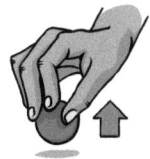

oppakken

ambil

hebben
ada

doen
buat

zijn
ialah

staan
berdiri

rennen
lari

trekken
tarik

gooien
buang

vallen
jatuh

liggen
tipu

wachten
tunggu

dragen
bawa

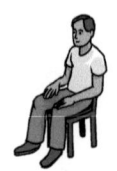

zitten
duduk

aankleden
pakai

slapen
tidur

wakker worden
bangkit

bekijken

lihat pada

huilen

menangis

strelen

strok

kammen

sikat

praten

cakap

begrijpen

faham

vragen

tanya

horen

dengar

drinken

minum

eten

makan

opruimen

mengemas

houden van

sayang

koken

masak

rijden

pandu

vliegen

terbang

zeilen

belayar

rekenen

kira

lezen

baca

leren

belajar

werken

kerja

trouwen

nikah

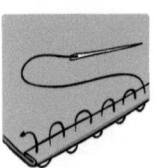

naaien

jahit

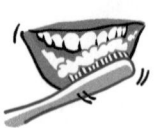

tandenpoetsen

memberus gigi

doden

bunuh

roken

asap

verzenden

hantar

familie
keluarga

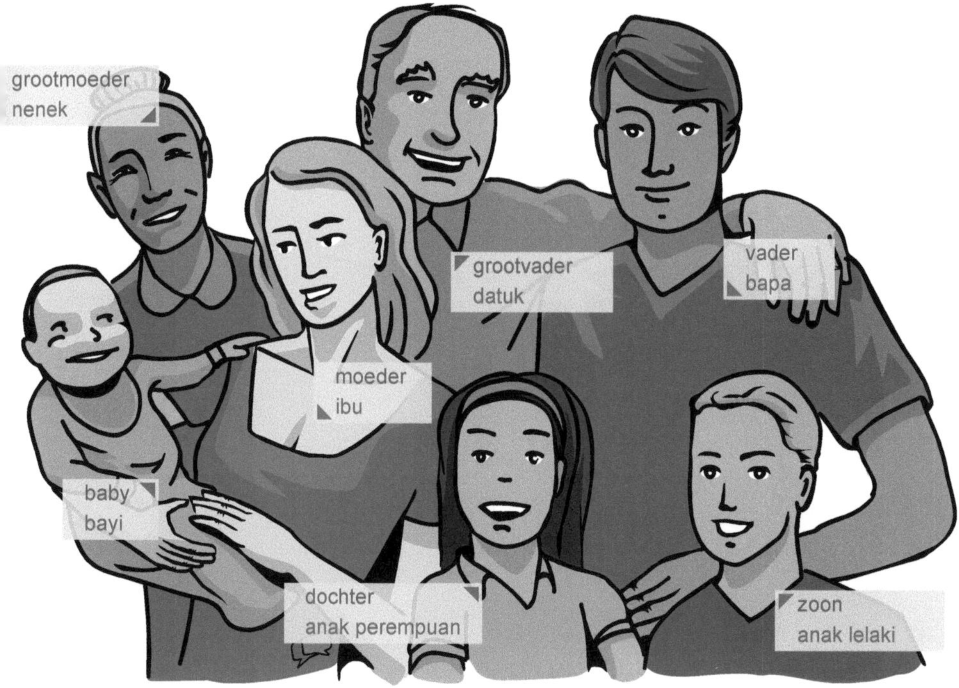
grootmoeder
nenek
grootvader
datuk
vader
bapa
moeder
ibu
baby
bayi
dochter
anak perempuan
zoon
anak lelaki

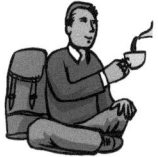

gast

tetamu

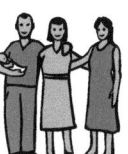

tante

mak cik

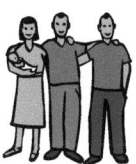

oom

pak cik

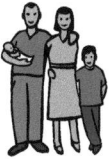

broer

abang

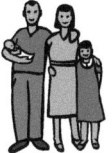

zus

kakak

lichaam

badan

voorhoofd
dahi
oog
mata
schouder
bahu
vinger
jari
gezicht
muka
kin
dagu
hand
tangan
been
kaki
borst
dada
arm
lengan

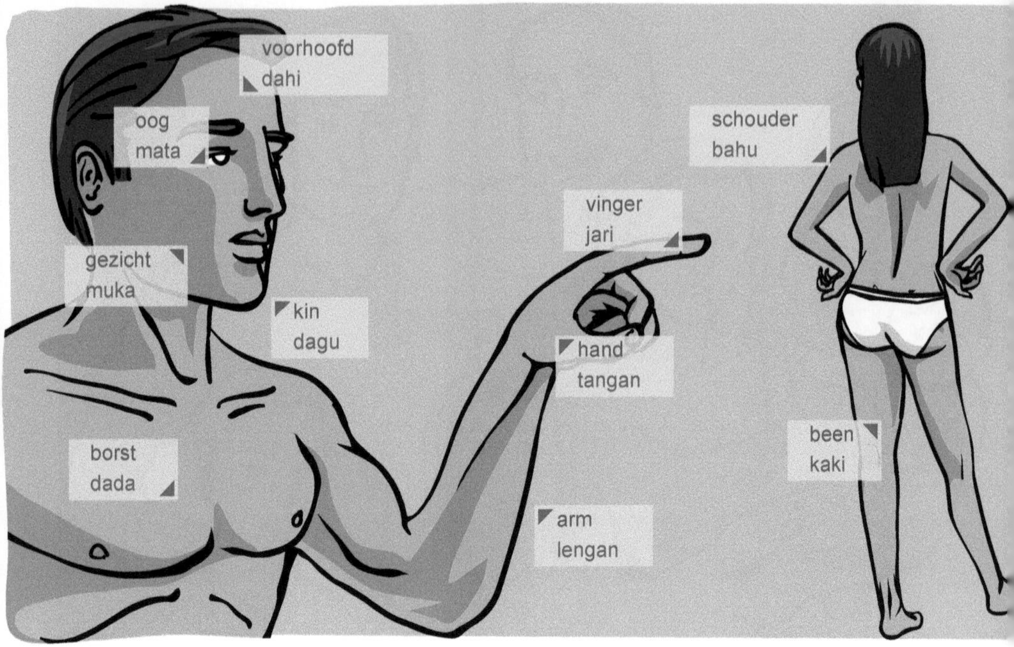

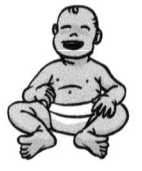

baby

bayi

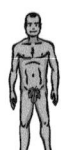

man

lelaki

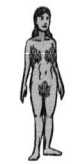

vrouw

wanita

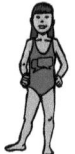

meisje

perempuan

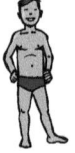

jongen

lelaki

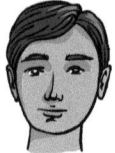

hoofd

kepala

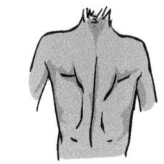

rug
belakang

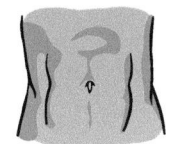

buik
bawah perut

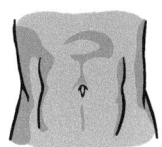

navel
pusat

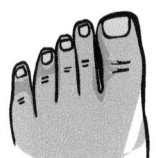

teen
jari kaki

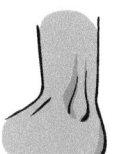

hiel
tumit

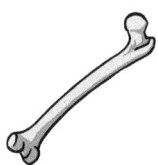

bot
tulang

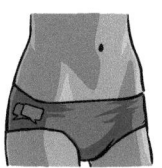

heup
pinggul

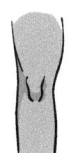

knie
lutut

elleboog
siku

neus
hidung

achterwerk
bawah

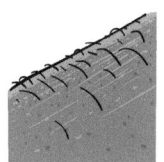

huid
kulit

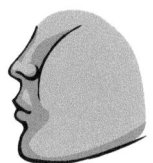

wang
pipi

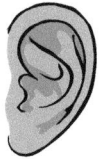

oor
telinga

lippen
bibir

mond

mulut

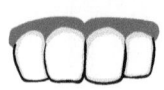

tand

gigi

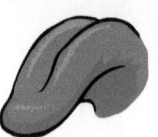

tong

lidah

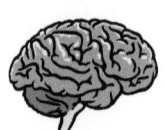

hersenen

otak

hart

hati

spier

otot

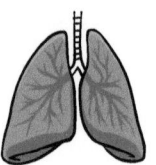

long

paru-paru

lever

hati

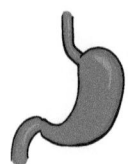

maag

perut

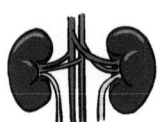

nieren

buah pinggang

geslachtsgemeenschap

seks

condoom

kondom

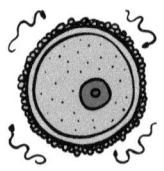

eicel

faraj

sperma

mani

zwangerschap

mengandung

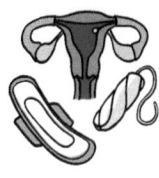

menstruatie
....
haid

vagina
....
faraj

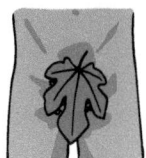

penis
....
penis

wenkbrauw
....
kening

haar
....
rambut

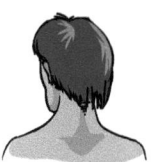

hals
....
leher

ziekenhuis
hospital

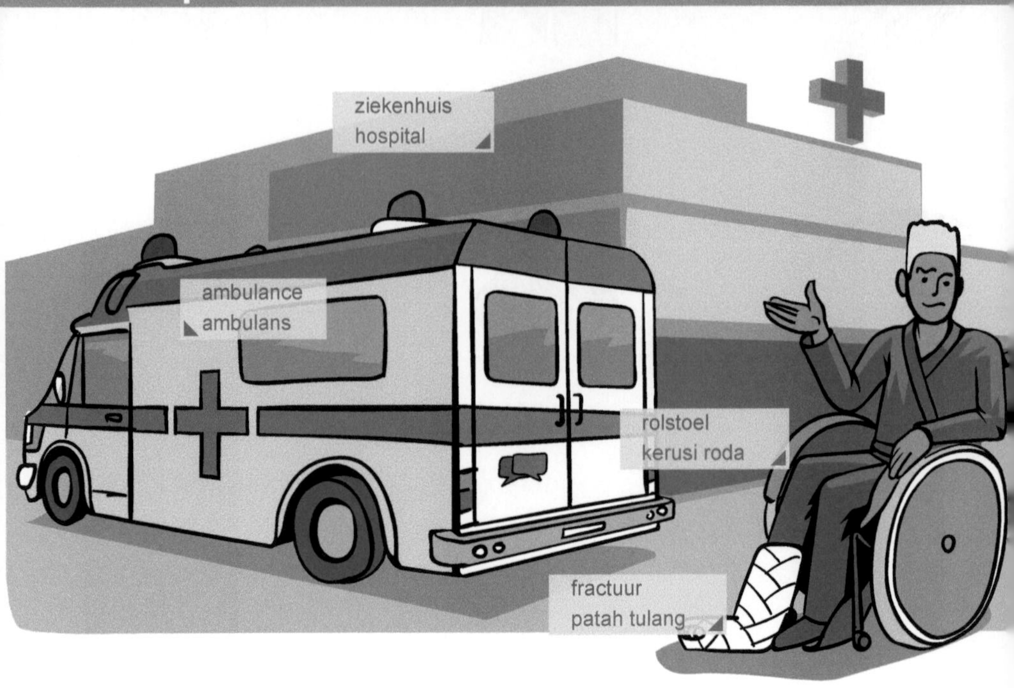

ziekenhuis
hospital
ambulance
ambulans
rolstoel
kerusi roda
fractuur
patah tulang

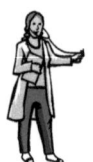

dokter
doktor

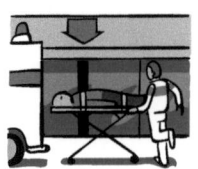

EHBO
bilik kecemasan

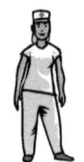

verpleegster
jururawat

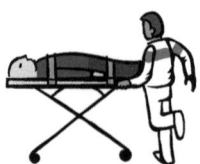

noodgeval
kecemasan

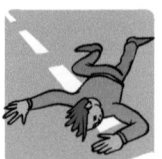

bewusteloos
tak sedar

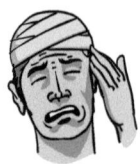

pijn
sakit

verwonding
kecederaan

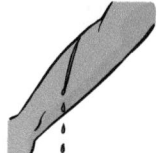

bloeding
pendarahan

hartaanval
serangan jantung

beroerte
strok

allergie
alergi

hoest
batuk

koorts
demam

griep
selesema

diarree
cirit-birit

hoofdpijn
sakit kepala

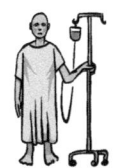

kanker
kanser

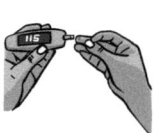

diabetes
diabetes

chirurg
pakar bedah

scalpel
pisau bedah

operatie
pembedahan

CT
CT

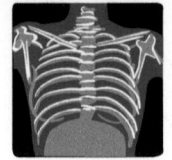

röntgen
x-ray

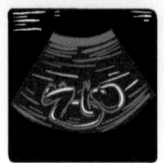

echografie
ultrabunyi

gezichtsmasker
topeng muka

ziekte
penyakit

wachtkamer
bilik menunggu

kruk
penongkat

pleister
plaster

verband
pembalut

injectie
suntikan

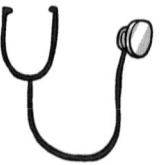

stethoscoop
stetoskop

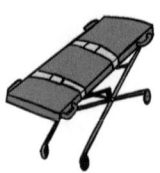

brancard
pengusung

thermometer
termometer klinik

geboorte
kelahiran

overgewicht
berat badan berlebihan

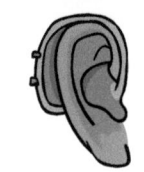

gehoorapparaat

alat pendengaran

ontsmettingsmiddel

disinfektan

infectie

jangkitan

virus

virus

HIV / AIDS

HIV / AIDS

medicijn

perubatan

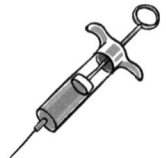

inenting

vaksinasi

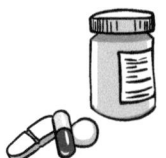

tabletten

tablet

pil

pil

alarmnummer

panggilan kecemasan

bloeddrukmeter

pantau tekanan darah

ziek / gezond

sakit / sihat

Help!

Tolong!

alarm

penggera

overval

serang

aanval

serangan

gevaar

bahaya

nooduitgang

pintu kecemasan

Brand!

Api!

brandblusser

alat pemadam api

ongeluk

kemalangan

EHBO-koffer

alat pertolongan cemas

SOS

SOS

politie

polis

Europa

Eropah

Noord-Amerika

Amerika Utara

Zuid-Amerika

Amerika Selatan

Afrika

Afrika

Azië

Asia

Australië

Australia

Atlantische Oceaan

Atlantic

Stille Oceaan

Pasifik

Indische Oceaan

Lautan Hindi

Zuidelijke Oceaan

Lautan Antartik

Noordelijke IJszee

Lautan Artik

Noordpool

Kutub utara

Zuidpool

Kutub Selatan

Antarctica

Antartika

aarde

bumi

land

tanah

zee

laut

eiland

pulau

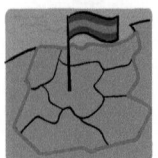

natie

negara

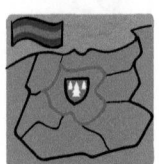

staat

negeri

wijzerplaat

muka jam

uurwijzer

tangan jam

minutenwijzer

tangan minit

secondewijzer

terpakai

Hoe laat is het?

Jam berapa sekarang

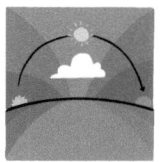

dag

hari

tijd

masa

nu

sekarang

digitaal horloge

jam digital

minuut

minit

uur

jam

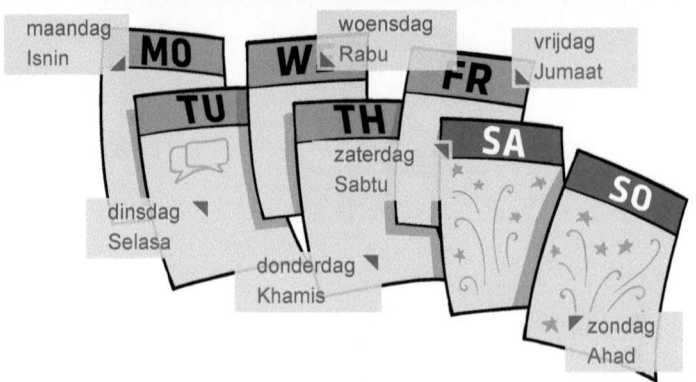

maandag
Isnin

woensdag
Rabu

vrijdag
Jumaat

dinsdag
Selasa

zaterdag
Sabtu

donderdag
Khamis

zondag
Ahad

gisteren

semalam

vandaag

hari ini

morgen

esok

ochtend

pagi

middag

tengah hari

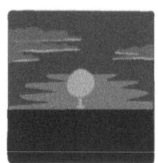

avond

petang

MO	TU	WE	TH	FR	SA	SU
1	2	3	4	5	6	7
8	9	10	11	12	13	14
15	16	17	18	19	20	21
22	23	24	25	26	27	28
29	30	31	1	2	3	4

werkdagen

hari kerja

MO	TU	WE	TH	FR	SA	SU
1	2	3	4	5	6	7
8	9	10	11	12	13	14
15	16	17	18	19	20	21
22	23	24	25	26	27	28
29	30	31	1	2	3	4

weekend

hari minggu

jaar
tahun

regen
hujan
regenboog
pelangi
sneeuw
salji
wind
angin
voorjaar
musim bunga
herfst
musim luruh
zomer
musim panas
winter
musim salji

4.APRIL 11°
5.APRIL 4°
6.APRIL 13°
7.APRIL 8°
8.APRIL 10°

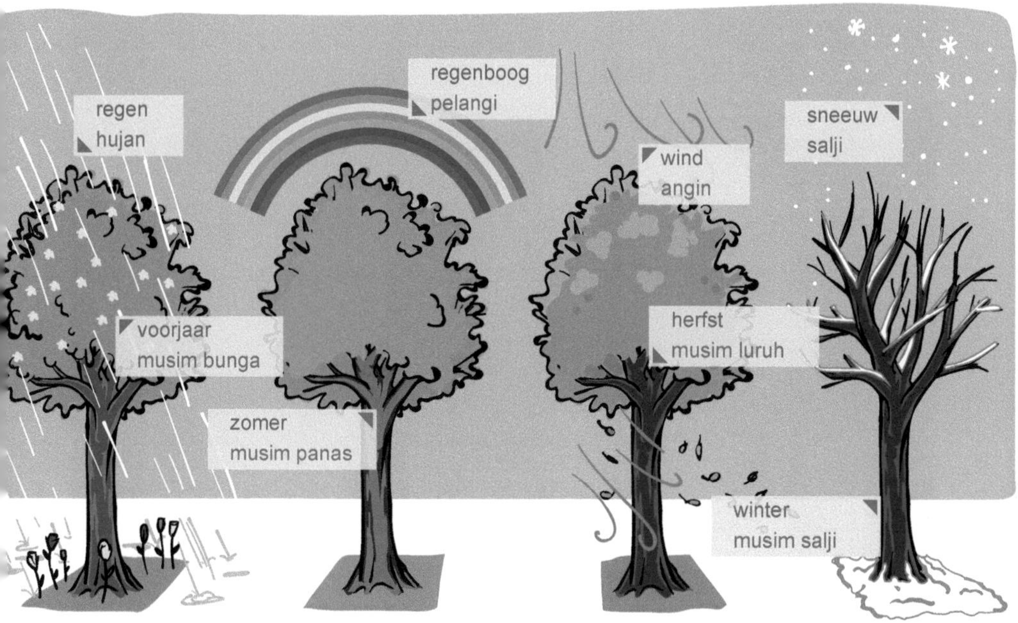

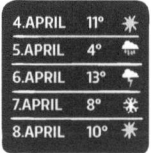

weerbericht

ramalan cuaca

F C
120 90 60 30 0 -30
40 30 20 10 0 -10 -20

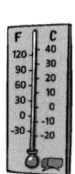

thermometer

termometer

zonneschijn

sinar matahari

wolk

awan

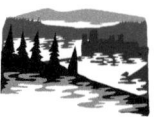

mist

kabus

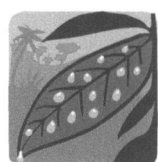

luchtvochtigheid

lembapan

bliksem

kilat

donder

petir

storm

ribut

hagel

hujan batu

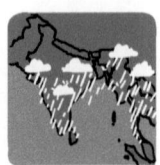

moesson

monsun

overstroming

banjir

ijs

ais

januari

Januari

februari

Februari

maart

Mac

april

April

mei

Mei

juni

Jun

juli

Julai

augustus

Ogos

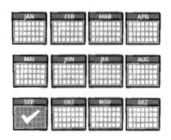

september
September

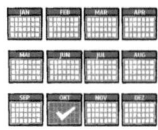

oktober
Oktober

november
November

december
Disember

vormen
bentuk

cirkel
bulatan

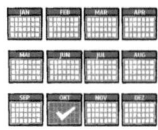

vierkant
petak

rechthoek
segi empat tepat

driehoek
segitiga

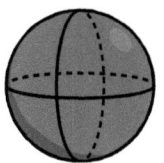

bol
sfera

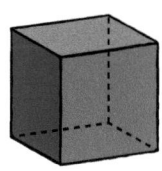

kubus
kiub

wit
putih

geel
kuning

oranje
oren

roze
merah jambu

rood
merah

paars
ungu

blauw
biru

groen
hijau

bruin
coklat

grijs
kelabu

zwart
hitam

veel / weinig

banyak / sedikit

boos / rustig

marah / tenang

mooi / lelijk

cantik / hodoh

begin / einde

bermula / tamat

groot / klein

besar kecil

licht / donker

terang / gelap

broer / zus

abang / kakak

schoon / vies

bersih / kotor

volledig / onvolledig

lengkap / tidak lengkap

dag/ nacht

hari / malam

dood / levend

mati / hidup

breed / smal

luas / sempit

eetbaar / oneetbaar

boleh dimakan / tidak boleh dimakan

gemeen / aardig

jahat / baik

opgewonden / verveeld

teruja / bosan

dik / dun

gemuk / kurus

eerste / laatste

pertama / terakhir

vriend / vijand

kawan / musuh

vol / leeg

penuh / kosong

hard / zacht

keras / lembut

zwaar / licht

berat / ringan

honger / dorst

lapar / dahaga

ziek / gezond

sakit / sihat

illegaal / legaal

menyalahi undang-undang / undang-undang

intelligent / dom

pintar / bodoh

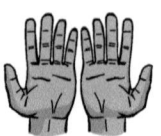

links / rechts

kiri / kanan

dichtbij / ver

dekat / jauh

nieuw / gebruikt

baru / lama

niets / iets

tiada / sesuatu

oud / jong

tua / muda

aan / uit

hidup / mati

open / gesloten

terbuka / tertutup

zacht / luid

diam / bising

rijk / arm

kaya / miskin

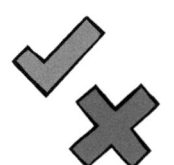

goed / fout

betul / salah

ruw / glad

kasar / halus

verdrietig / gelukkig

sedih / gembira

kort / lang

pendek / panjang

langzaam / snel

lambat / laju

nat / droog

basah / kering

warm / koel

panas / sejuk

oorlog / vrede

berperang / berdamai

0

nul

sifar

1

één

satu

2

twee

dua

3

drie

tiga

4

vier

empat

5

vijf

lima

6

zes

enam

7

zeven

tujuh

8

acht

lapan

9

negen

sembilan

10

tien

sepuluh

11

elf

sebelas

12

twaalf

dua belas

13

dertien

tiga belas

14

veertien

empat belas

15

vijftien

lima belas

16

zestien

enam belas

17

zeventien

tujuh belas

18

achttien

lapan belas

19

negentien

Sembilan belas

20

twintig

dua puluh

100

honderd

ratus

1.000

duizend

ribu

1.000.000

miljoen

juta

bahasa-bahasa

Engels

Bahasa Inggeris

Amerikaans Engels

Bahasa Inggeris Amerika

Chinees Mandarijn

Bahasa Cina Mandarin

Hindi

Bahasa Hindi

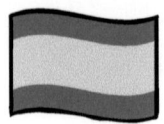

Spaans

Bahasa Sepanyol

Frans

Bahasa Perancis

Arabisch

Bahasa Arab

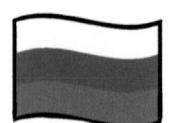

Russisch

Bahasa Rusia

Portugees

Bahasa Portugis

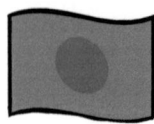

Bengalees

Bahasa Benggali

Duits

Bahasa Jerman

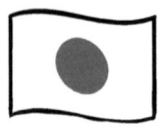

Japans

Bahasa Jepun

ik

saya

jij

anda

hij / zij / het

dia / dia / ia

wij

kita

jullie

anda

zij

mereka

wie?

siapa?

wat?

apa?

hoe?

bagaimana?

waar?

di mana?

wanneer?

bila?

naam

nama

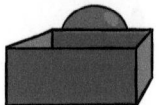

achter

belakang

in

dalam

voor

di hadapan

boven

lebih

op

pada

onder

di bawah

naast

bersebelahan

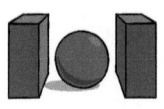

tussen

antara

plaats

tempat